McGRAW-HILL·LECTURA

Contributors

The Princeton Review, Time Magazine

The Princeton Review is not
affiliated with Princeton
University or ETS.

McGraw-Hill School Division

A Division of The McGraw·Hill Companies

McGraw-Hill School Division
Two Penn Plaza
New York, New York 10121

Printed in the United States of America

ISBN 0-02-184822-X/1, Book 1
    3 4 5 6 7 8 9 043/071 04 03 02 01 00

Macmillan/McGraw-Hill Edition

McGRAW-HILL·LECTURA

Autores

María M. Acosta

Kathy Escamilla

Jan E. Hasbrouck

Juan Ramón Lira

Sylvia Cavazos Peña

Josefina Villamil Tinajero

Robert A. DeVillar

McGraw-Hill School Division

New York   Farmington

Día a día

Día a día

Minirronda

Plata es la luna,
oro es el sol—
con oro y plata
me alumbro yo.

David Chericián

Ma, me, mi

Ma, me, mi,
mamá mima a Mimí,
pero más me mima a mí.
Ma, mo, mu,
¿por qué no me mimas tú,
manzanita del Perú?

Tradicional

Conozcamos a Bernard Adnet

Bernard creció en Francia. Le gustaba dibujar desde que era pequeño. Ahora vive en Nueva York e ilustra libros para niños.

Mi mamá

Ilustraciones de
Bernard Adnet

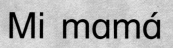

Mi mamá

Yo

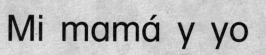

Mi mamá y yo

Mi mamá me mima.

¡Mami, mami, ven!

¡Mami, ayúdame!

Mi mamá me ayuda.

Mi mamá me ama.

¡Ema, Ema, ven!

¡Ema, ayúdame!

Yo ayudo a mi mamá.

Mi mamá me ayuda.

Mi mamá me mima.

Mi mamá me ama.

Amo a mi mamá.

Preguntas y actividades

1 ¿Dónde viven Ema y su mamá?

2 ¿A qué ayuda Ema a su mamá?

3 ¿Le ayudas en algo a tu mamá?

4 ¿De qué trata "Mi mamá"?

5 ¿Conoces otro cuento de una niña que le pide ayuda a su mamá?

Escribe nombres

Dibuja una taza de café para tu mamá y otra para tu papá. Escribe sus nombres en las tazas.

Teresa   Juan

Campo de flores

Dibuja varias flores en papeles de diferentes colores. Recórtalas. Pégalas en una hoja de papel verde.

Investiga

¿Por qué tienen las flores colores llamativos? Averigua la respuesta.

29

Partes de un libro

autora

ilustradora

El autor escribe el cuento.

El ilustrador dibuja las ilustraciones.

A veces, el autor es también el ilustrador.

Observa la portada del libro

❶ ¿Quién es la autora?

❷ ¿Qué hizo la ilustradora?

Mi gata se despierta

Mi gata se despierta.

Quiere comida.

Va a maullar.

Le doy comida.

Ahora está contenta.

¿Cuál es el título del cuento?

○ La gata contenta

○ Mi gata se despierta

El título te dice de qué trata el cuento.

31

Papas

Papas y papas para papá,
papas y papas para mamá;
calentitas para papá,
tostaditas para mamá.

Tradicional

Conozcamos a Laura Huliska-Beith

Laura lleva años ilustrando publicaciones para niños. Le gusta tocar tambor en sus horas libres. Vive en Kansas City con su esposo y sus dos perros.

34

Pepe

Ilustraciones de Laura Huliska-Beith

—¡Mamá! ¡Papá!

—¿Mami? ¿Papi?

—¿Ésta es mi mamá?

—No, ésta no es tu mamá.
Es mi mamá.

—¿Éste es mi papá?

—No, éste no es tu papá.
Papi puma es mi papá.

43

—¿Mami? ¿Papi?

—¿Pepe? ¡Es Pepe!

—Amo a Pepe.
—Amo a Pepe.

—Amo a mi mamá.
Amo a mi papá.

Preguntas y actividades

1. ¿A quién busca el patito?

2. ¿Dónde se desarrolla el cuento?

3. ¿Te has perdido alguna vez?

4. ¿De qué trata este cuento?

5. ¿Cómo demuestran Pepe y la niña de "Mi mamá" que aman a sus papás?

Haz una lista

¿Qué harías tú si no encontraras a tus padres? Haz una lista de las personas a las que llamarías.

Javier
abuelita
Mercedes
José
el panadero

Haz un pato

Dobla un pedazo de cartulina. Dibuja un pato en una mitad. Recórtalo sin cortar la parte donde has doblado la cartulina. Ábrela y pon el pato sobre la mesa.

Investiga

Existen muchos tipos de patos. Busca fotos de patos en las revistas. Di en qué se parecen y en qué se diferencian.

51

Partes de un libro

El libro

Página del título

título

título

autora

autora

ilustrador

ilustrador

Observa las partes de este libro

1 ¿Qué ves en la portada?

2 ¿Qué ves en la página del título?

En la laguna

Hay un pato en la laguna.

Hay un sapo en la laguna.

El pato llama al sapo.

El sapo llama al pato.

El pato nada detrás del sapo.

El sapo se va nadando.

¿Qué hay en la laguna?

○ Un pato

○ Un cisne

Las ilustraciones te pueden ayudar a entender el cuento.

Timoteo

Tipi tape, tipi tape,

tipi tape, Timoteo,

Timoteo jardinero,

¡qué contento te veo!

Tradicional

Conozcamos a Ken Spengler

Ken dedicó muchos años al estudio de las artes. Le encanta dibujar para que la gente vea las cosas simples de maneras diferentes.

¡Tomates para todos!

Ilustraciones de Ken Spengler

57

¡Tomás, una planta!

¡Mis tomates!

59

¡Mis tomates, mamá!

60

Es mi planta de tomate.

¿Tu planta? ¿Tus tomates?

Sí, toma, mamá, un tomate para ti,

un tomate para papá,

un tomate para Tita,

un tomate para Oto,

un tomate para Teté...

y un tomate para mí.

¡6 tomates!
¡Tomates para todos!

Preguntas y actividades

1 ¿Por qué está contento Tomás?

2 ¿De qué se asombra su mamá?

3 ¿Te gustan los tomates?

4 ¿Puedes contar este cuento?

5 Tomás comparte tomates. ¿Qué comparte Ema con su mamá?

Escribe sobre una hortaliza

Dibuja la hortaliza que más te guste. Explica en una oración por qué te gusta.

Me gusta su color.

Haz una hortaliza

Haz con plastilina la hortaliza que acabas de dibujar.

Investiga

Hay muchos tipos de hortalizas. Algunas son hojas como la lechuga o flores como la coliflor. Averigua qué otros tipos de hortalizas hay.

Las hortalizas

Javier Fierro

ESTUDIO

Partes de un libro

El contenido dice qué cuentos hay en este libro.

También indica en qué página empieza cada uno.

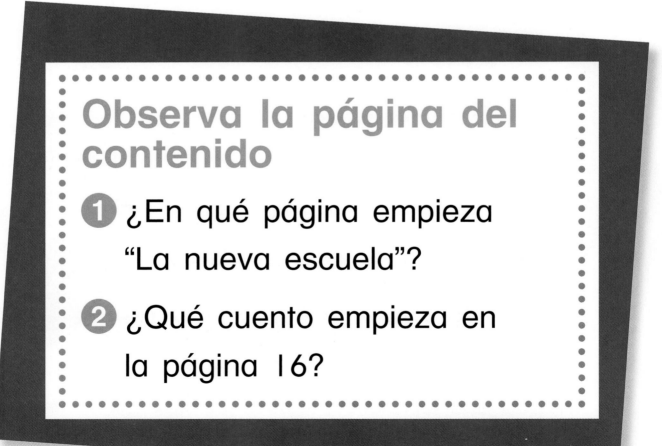

Observa la página del contenido

1 ¿En qué página empieza "La nueva escuela"?

2 ¿Qué cuento empieza en la página 16?

¿Dónde estaba el cerdito?

Pam tenía un cerdito.

Se escondió en la tina.

Luego se escondió en la cama.

Luego se escondió en el auto.

Pam encontró al cerdito.

Estaba dormido.

¿Dónde se escondió el cerdito primero?

○ En la tina

○ En la cama

Lee el cuento con atención.

Regalos

Lola, toma una amapola.

Lilí, toma un alelí.

La luna le da a Polita

una tuna y un maní.

Tradicional

Conozcamos a Carmen Rosa Navarro

Carmen Rosa fue maestra de primer grado en su ciudad natal de Sucre, Bolivia. Le encanta jugar y conversar con los niños.

Conozcamos a Doug Roy

Doug lleva 25 años ilustrando libros. Justo antes de ilustrar este cuento, estuvo en la pirámide de Chichén Itzá, en México. Al llegar a lo alto, se sintió como Lola en la luna.

Lola y la luna

Carmen Rosa Navarro

ilustraciones de Doug Roy

Lola le lee un libro a Polita.

La luna es como una pelota.

La luz de la luna...

¡Lola en

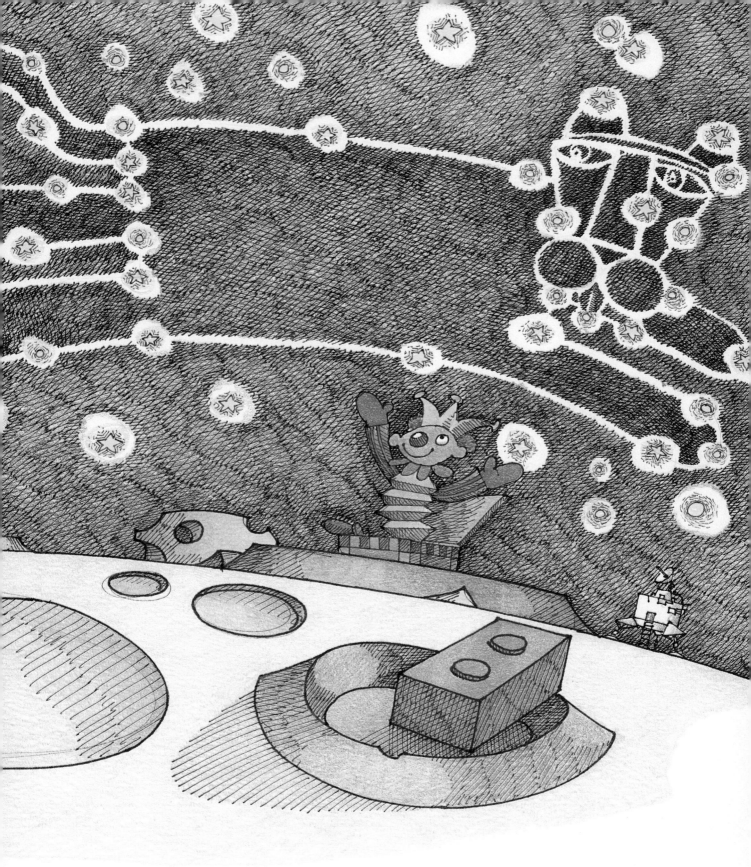

la luna!

¿Polita en

la luna?

¿Lupe toma té

en la luna?

¿Pipo lame su patita

en la luna?

¿Elotes

en la luna?

¿Pumas

en la luna?

¡Mamá, papá!

¡Papá, mamá!

¡Hay pumas en la luna!

Preguntas y actividades

1 ¿Qué libro lee Lola? ¿A quién?

2 ¿Quién es Pipo?

3 ¿Quiénes entran corriendo?

4 ¿Puedes contar este cuento?

5 Lola y Pepe se asustan en sus cuentos. ¿Por qué?

Escribe sobre la luna

Haz un dibujo de la luna llena y escribe en él qué te imaginas que hay en la luna.

Yo veo pingüinos.

100

Un paisaje con luna

Dibuja un paisaje de noche con luna. ¿Cuál de las cuatro fases de la luna mostrarías?

Investiga

Averigua por qué algunas noches no vemos la luna.

ESTUDIO

Glosario

elote  El **elote** es la espiga comestible del maíz.

luna 🌙 La **luna** es un astro. La luna sale de noche.

té El **té** es una bebida que se prepara hirviendo ciertas hojas.

Al final de este libro hay un glosario de palabras en orden alfabético.

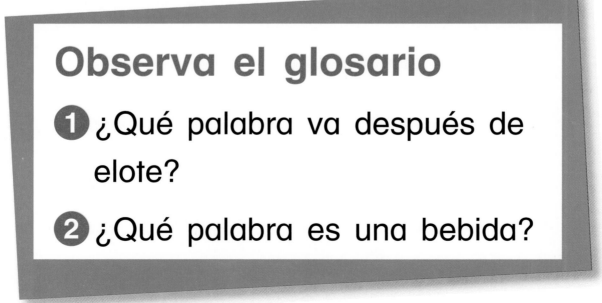

Observa el glosario

1 ¿Qué palabra va después de elote?

2 ¿Qué palabra es una bebida?

¿Quién fue a la granja?

Primero la gallina fue a la granja.

Luego la vaca fue a la granja.

Después el cordero fue a la granja.

Por último, el niño fue a la granja.

Entonces la granja se llenó.

¿Quién fue el último en llegar a la granja?

○ El cordero

○ El niño

Antes de contestar, lee las preguntas con atención.

La pelota

Mi pelota

sí rebota;

si no rebota,

es que está rota.

Mi pelota

no rebota.

Mi papá me compra otra.

Tradicional

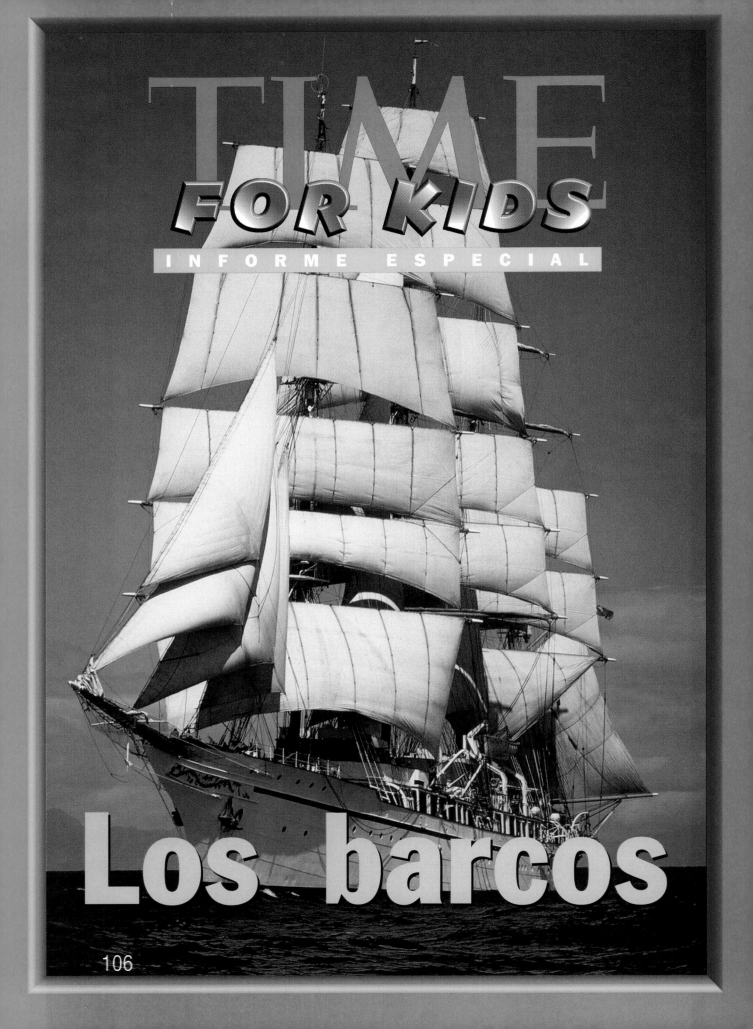

TIME

FOR KIDS

Los barcos

Mira este barco grande.

Tiene velas.

Éste es un barco de vapor.

Mira este barco.

Es un barco de la Marina.

¿Y qué barco es ése?

Basado en un artículo de TIME FOR KIDS.

¡Éste es mi barco!

Preguntas y actividades

1. ¿Qué tiene el primer barco?

2. ¿Qué barco te gusta más?

3. Nombra los barcos de esta lección.

4. ¿Has viajado alguna vez en barco?

5. ¿Cuál de estos barcos se parece al Titanic?

Escribe un diario naval

Imagínate que viajas en barco.
Escribe lo que pasa.

Lunes, 4 de octubre de 2002
Tuvimos que reparar una vela.

Construye una balsa

Dibuja la silueta de una
balsa en una cartulina.
Recórtala.

Hazle un corte en la parte trasera.

Pon un poco de jabón en el corte.

Deja que la balsa flote en el agua.

Investiga

Averigua algo sobre los barcos y
escribe una oración con esa
información.

Partes de una revista

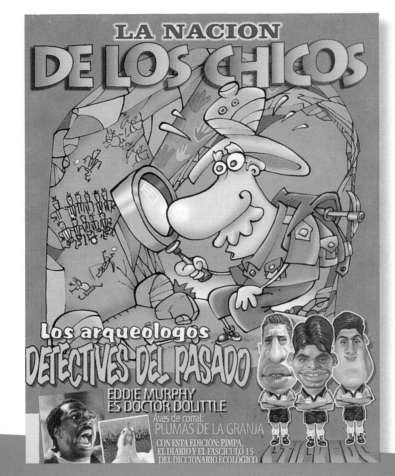

Observa la portada de esta revista

1 ¿Cómo se llama la revista?

2 ¿Qué fotos aparecen en la portada?

Levántate

Levántate, sol.

Es de día.

Sube por el cielo.

Brilla todo el día.

Da luz a los barcos del mar.

Da luz a los caracoles de la playa.

Dame tu luz.

Busca la respuesta en el cuento.

En este cuento

el sol da su luz a —

○ las colinas

○ los barcos

¡Pulga!

Al subir a una montaña,
una pulga me picó,
la agarré de las orejas
y se me escapó.

Tradicional

Glosario

Este glosario te ayudará a encontrar el significado de algunas de las palabras de este libro que quizás no conozcas.

Las palabras están en orden alfabético. Cada palabra va acompañada de una ilustración y una oración simple que te ayudarán a entender su significado.

Ejemplo de entrada

Entrada **Oración de muestra**

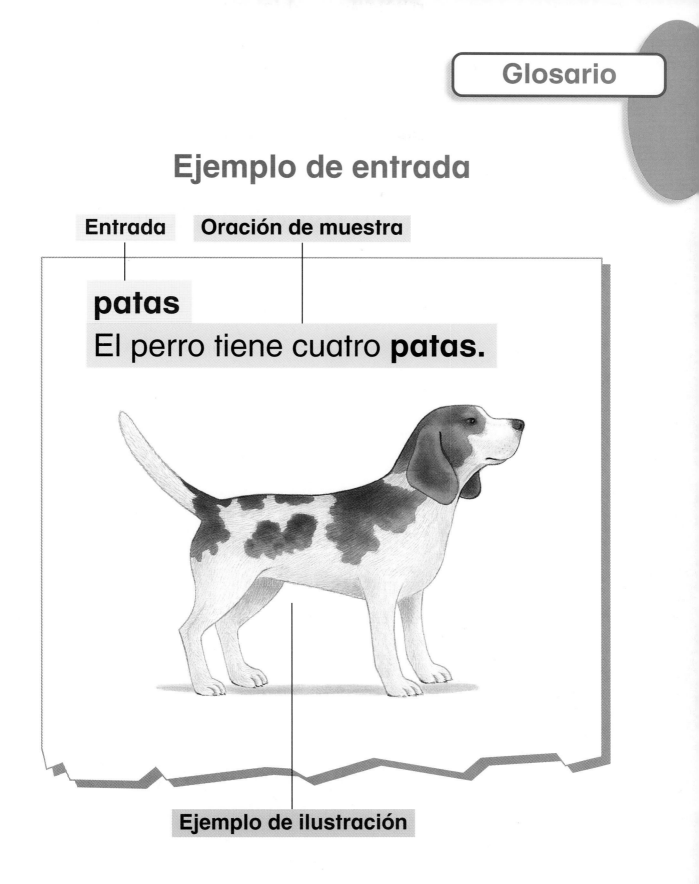

patas
El perro tiene cuatro **patas.**

Ejemplo de ilustración

ayuda

Mi mamá me **ayuda** a hacer las tareas.

barco

El **barco** navega en el mar.

elote

Me gusta el **elote** con queso o mantequilla.

lee

Papá **lee** el periódico.

libro

Éste es mi **libro** de lectura.

luna

La **luna** brilla de noche.

luz

La **luz** entra por la ventana.

patas

El perro tiene cuatro **patas.**

pelota

Tito y Polita juegan con la **pelota.**

planta

En el jardín hay una **planta** de rosas.

puma

Mamá **puma** juega con el pumita.

té

Mamá toma **té** con leche.

tomate

El **tomate** es rojo y jugoso.

vela

El barco de **vela** se mueve
con el viento.

ACKNOWLEDGMENTS

The publisher gratefully acknowledges permission to reprint the following copyrighted material:

"Minironda" from URÍ URÍ URA by David Chericián. Copyright © 1994 by Consejo Nacional de Fomento Educativo. Used by permission of the publisher.

Cover Illustration
Christine Mau

Illustration
Fabricio Vanden Broeck, 6; Andrea Arroyo, 8-9; Bernard Adnet, 10-27, 53 bottom, 117-119; Daniel Del Valle, 28, 29, 72 bottom, 73, 100 bottom, 100; Ken Bowser, 31, 103; Eldon Doty, 75; Patricia Languedoc, 32-33; Laura Huliska-Beith, 34-51; Mas Miyamoto, 53 top; Alexi Natchev, 54-55; Kenneth Spengler, 56-72 top; Winnie Cheon, 76-77; Doug Roy, 78-100 top; Rita Lascaro, 102; Ken Bowser, 31, 103; Winky Adam, 104-105;

Photography
Unit 1 127:t. Renne Lynn/Photo Researchers, Inc.
Unit 2 140: Frans Lanting/Minden Pictures 141: Mickey Gibson/Animals Animals 142:b. Steve lawrence/The Stock Market 145:t. Staffan Widtrand/The Wildlife Collection
Unit 3 131:b. David Young-Wolfe/PhotoEdit 134:t. Nigel Cattlin/Holt Studios International/Photo Researchers, Inc. 134:b. D. Cavagnaro/DRK Photo 135: Ron Chapple/FPG International 136: Luiz C. Marigo/Peter Arnold, Inc.
Unit 4 134:t. J. Barry O'Rourke/The Stock Market 138:t. Richard Laird/FPG International 138:b. PictureQuest 139:t. Alan Epstein/FPG International; 029 b Ken Karp for MHSD; 031 t David Mager for MHSD; 043 tr MHSD; 043 br Scott Harvey for MHSD; 043 bl Scott Harvey for MHSD; 055 b Johnny Johnson/DRK Photos; 056 tr Johnny Johnson/DRK Photos; 059 b Thomas Kitchin/Tom Stack and Assoc. 061 t MHSD; 061 b Visuals Unlimited; 067 br MHSD; 081 b Mark E. Gibson Photography; 087 b Gary R. Zahm/Bruce Coleman, Inc.;
087 t David Mager for MHSD; 110 t George D. Dodge/Bruce Coleman, Inc.; 122 b Ray Soto/The Stock Market; 123 t Corbis; 124 b E. Nagele/FPG International; 126 b Gail Mooney/Corbis; 128 b Jim Brown/The Stock Market; 129 m David Stoecklein/The Stock Market; 130 b MHSD; 132 t Erwin Bauer;Peggy Bauer/Bruce Coleman/PNI; 133 b George Lepp/Corbisl; 133 b Camping Photo Network/PNI; 133 t Joseph Drivas/Image Bank; 136 top Bokelberg/Image Bank; 137 t Tim Brown/Tony Stone Images; 137 t Steve Prezant/The Stock Market; 139 b Layne Kennedy/Corbis; 142 t The Stock Market; 143 t Kelly-Mooney Photography/Corbis; 145 b Mike Malyszko/Stock Boston; 187 bi MHSD; 187 br MHSD; 260 b George Hall/Check Six; 263 b Jim Witherington; 263 t Derke/OŌHara/Tony Stone Images; 265 b Jay Schlegel/The Stock Market; 266 m Steve Grubman/The Image Bank; 268 b Paul Chesley; 269 t Alan Schein/The Stock Market